만인시인선·69

명당 죽집

김원중 시집

명당 죽집

만인사

자 서

부끄럽다. 시집이라는 이름 아래 책을 내기가 부끄럽다. 나는 고등학교 시절부터 대학교수가 꿈이었다. 그러고 보니 시 쓰는 고통보다는 시를 가르치는 즐거움이 나의 적성에 맞았다는 게 옳은 듯하다. 그러나 나는 시인의 꿈을 포기하지는 않았나 보다.

『별』이 출간된지 올해로 50년이나 되었다. 반세기만에 두번 째 시집 『명당 죽집』을 펴낸다. 언젠가 내가 존경하는 은사 고 김종길 시인께서 “내가 40년 동안 1년에 두 편의 시도 못썼으니 할 말이 없다”고 토로하신 적이 있다. 나는 1년에 한 편도 못썼으니 할말이 없다.

이 시집을 계기로 괴테의 “노년의 시는 인생이다”는 말처럼 나는 시를 쓴다기보다 인생을 남기고 싶다. 『명당 죽집』은 온전히 만인사 박진형 시인의 덕분으로 만들어졌다. 오랜 세월동안 변함없는 인연의 끈이 그저 고마울 따름이다.

2019년 5월 좋은 날
청구푸른마을 서재에서

차 례

2. 시인 만세 시대

차 례

3. 나의 이력서

4. 희야꽃 한 송이

| 책 뒤에 |

1

박수의 힘

박수의 힘

젊은 날
처음으로 무대에서 노래를 부른 파바로티
노래가 끝나도 박수 치는 사람이 없었다.

객석에서 한 아이가 일어나더니
"아빠, 최고야!"하고 소리쳤다.
그제서야 객석의 관중들은
한 사람 두 사람 일어나
박수를 치기 시작하였다.

파바로티는 훗날 세계적인 테너 가수가 되었다.

어려울 때 박수쳐 주는 것이 가족이다.

장수의 비밀

내가 오래 살아야할
이유는 딱 한 가지 뿐이네.
평생 만 권의 책을
읽어야 하는데
나이 70이 넘도록
아직 반도 못 읽었네.

오천 권 읽는데
60년 세월이 걸렸으니
앞으로 60년은 더 살아야
나머지 오천 권을 읽을 수 있네.
아, 책 읽는 즐거움에
세월 가는 줄 몰랐네.

대한국민 만세다

1974년 7월 어느 날
검은 대륙 남아프리카 더반에서
홍수환 선수가 세계챔피언이 되자
그 소식이 전파를 타고
한반도를 울렸다.

“엄마, 나 챔피언 먹었어.”
“수환아, 대한국민 만세다.”

나는 일찍이
이보다 더 잘 쓴 즉흥시를
듣도 보도 못하였다.

바보야 추기경

김수환 추기경의
침대머리맡에는
어린 시절 초상화가 걸려 있다.
초상화 밑에는
"바보야"하는 글씨가 또렷하다.

세상에서 가장 위대한 말이
'용서'라는 것을 가르쳐 주셨고
'고마워' '서로 사랑해요'라는 말을
우리들 가슴 속 깊이 새겨주고
하늘나라로 가셨다.

우리시대의 큰 어른
이제 뵐 수 없지만
우리시대의 큰 바보야
스테파노 추기경

똥은 예쁘다

몸 안에 있을 때면
똥은 깨끗하고 예쁘다
온갖 욕심이 묻어서
몸 바깥으로 나오면
그만 더럽고 추악해진다
오줌은 깨끗하다
소변이 되면
암모니아 냄새가 난다
우리는 예쁜 똥과
깨끗한 오줌을 사랑하면
아무 탈 없이
오래 살 수 있다

소록도 두 천사

전라남도 남쪽 바다에 떠있는
소록도는 한센병자들의 천국이다.

50여 년 전 오스트리아에서 온
두 수녀가 봉사의 꽃을 피웠다.
스무 살 꽃다운 나이에 소록도에 와서
이국의 낯선 나환자들을 보살펴온지
어언 50년—

조국에서 보내온 생활비와
한국정부가 주는 장기봉사자 식비도
나환자들에게 나눠 준
소록도의 마더 테레사 수녀
무슨 상도 받기를 거절했고
인터뷰조차도 번번이 물리친 두 수녀

일흔 고령이 되자
50년 전 소문도 없이 들고 온

다 헤진 가방만 들고
그들 조국으로 가 버렸다.

한국의 어느 재벌은
자식에게 재산을 편법으로 물려주기 위해
온 세상을 시끄럽게 하였는데
소록도에서 평생 봉사한 두 수녀는
하늘나라에서 보낸 진짜천사이다.

우리들의 하늘

형태도 없고 무게도 모르는
겹겹이 쌓였던 과거를 버리고
밝아올 태양을 향해
우리들 발길을 주춤거릴 필요는 없다.

있어도 좋고 없어도 좋은
모두가 사라졌다가 나타나고
나타났다가 사라져도

우리들 태양을 향한 발길은
늘상 넓푸른 하늘처럼
희망 가득 찼고

올라갈 때가 되면 서슴치 않고 간다.
어둡고 험한 준령이 아직도 무수히
가로 놓여 있다 해도
우리들 바라던 태양이 비치면
묵묵히 올라 가리라.

무거운 침묵과 겹겹이 쌓인
암흑의 세계를 뚫고

우리들 언젠가 한번은
힘차게 합창하며 올라 가리라.

지금은 실버시대

실버는 좋은 말이다.
실버시대는 더욱 좋은 말이다.
그래서 KBS라디오에서는
'지금은 실버시대'가 있다.

아침마다, 아니 새벽마다
네 시가 되면 박영주 아나운서의
나긋하고 희망이 넘치는
아름다운 목소리가 나온다.

"지금은 실버시대!"
나는 이 말에 벌떡 일어나 앉아
필기 노트를 펼쳐든다.

숫자의 나이는 아무런 의미가 없다.
과거만 생각하면 나이 들어 보이지만
애인을 생각하면 젊어지듯이
'지금은 실버시대'는

어느덧 나의 애인이 되었다.

칠순이 넘은 나도
젊은 날 연애하는 듯
날마다 즐겁고 행복한 것이다.

폭염 난민

지구상에서 가장 더운 곳에서
한평생 살다보니
한여름만 되면 폭염 난민이 된다.

39.6도 찜통더위가 보름째 계속이다.
후배문인 둘과 팔공산에 피서 갔다가
40도의 폭염을 만났다.

아프리카에서 온 친구가
대구의 더위를 이겨낼 수 없다며
자기 나라로 돌아 가버렸다.

그래도 나는
오늘도 책 보따리를 들고
동네 카페 한 구석에 앉아
책 읽고 글 쓰기를 즐기는
폭염 난민이다.

아프리카 속담

내가 10여 년 전
아프리카 캐냐에 갔었을 때
속담 한 가지 배운 적 있다.
"엄마의 젖꼭지는 아무리만져도 괜찮지만
아버지의 고환은 함부로 건드려서는 안된다."
짐바브웨, 잠비아, 남아프리카공화국까지
빅토리아폭포, 캐이프타운, 희망봉까지
다 올라가 보았지만
사파리도 신나게 돌아다녀 보았고
타이거 우즈가 즐겼다는 푸른 골프장까지
가보고 또 즐겼지만
세월이 흐른 지금까지
내 머릿속 깊이 남아 있는 것은
이 속담 한 가지 뿐이다.

감동의 극치

신현득 시인으로부터 전화가 걸려왔다. “김교수님! 내가 증손자 봤어요…….” 전화기 너머 시인의 들뜬 목소리에 “그래요? 축하해요!” 나도 모르게 전화기에 대고 고함을 질렀다.

문득 지난 날이 떠올랐다. 아들을 낳았을 때는 신기했다. 학교 강의를 마치자마자 그 녀석이 보고 싶어 부리나케 집으로 달려갔다. 첫 손자를 봤을 때의 감동은 컸다. 둘째 손자의 전화만 받아도 우리 부부는 설레인다. 아! 신현득 시인처럼 나도 증손자를 생전에 볼 수 있을까?

2

시인 만세 시대

몽당연필 시인

목월 시인은 몽당연필로
공책에다 시를 쓰셨고
아들과 제자들은
만년필로 원고지에다
시를 썼네.

손자뻘의 시인들은
컴퓨터 노트북으로 어지럽게
시를 쏟아내고 있지만
몽당연필 시인을
따라가기가 힘드네.

상화 시비 앞에서

오십시오
꽃도 새도 노래도 없는 나무만이
울창한 당신이 그리던 침실로
애타게 마돈나를 그리워하며 불렀던
빼앗긴 조국을 노래하던
한 시인의 넋이
지금 쓸쓸한 계절을 뚫고 내린
수많은 비바람 속을 헤쳐
뚫어진 우리들 가슴의
허공을 메꾸어 줍니다.

눈을 감아 보십시오
꽃향기처럼 아련히
우리들 주위를 감돌아
드높은 하늘로 날고 있는
노래를
마음껏 부르지 않으시렵니까?

밝음이 가기 전에
어서 빼앗긴 봄을 찾고
마돈나를 그리워하며 불렀던 침실에
우리의 영원한 비를 세웁시다.

시인 만세 시대

요즈음은 만세 부를 시대도 아닌데
시인만이 만세를 부른다.
얼마나 만세 부를 사람이 없기에
시인이 만세를 부르나.
전 달에는 부산에서 부르더니
전 주에는 강릉에서 부르고
오늘은 대구에서 부르는구나.
시인이 시를 쓰면서
조용히 살아가지 못하고
극장 안에서 백화점 옥상에서
만세를 불러야 하는 시대여!
하기야 세계에서 시집이
제일 많이 팔리는 나라
오늘도 시인 만세다.

세계화 시대의 아이

손자는 눈이 많은 나라 러시아에서 살고 있다. 안녕. 다카. 굿바이, 세 나라 말을 한께 쓰면서 모스크바에 살고 있다. 자작나무의 나라 푸쉬킨의 시를 읊으면서 톨스토이의 소설을 읽으면서 모스크바에서 살고 있다. 손자는 러시아가 코리아인 줄 알고 모스크바가 서울인 줄 알고 살고 있다. 시베리아 벌판을 달리면서 볼가강의 잉어를 잡으면서 모스크바의 벚꽃동산에서 살고 있다.

명당 죽집

나는 산책하다가
배가 고프면
반월당 염매시장 안
명당 죽집에 간다.

여기에는
정시인이
혼자 앉아 있다.

이가 다 빠져
홀쭉이가 된 원로시인은
죽 아니면 식사를 못한다.

명당이 어디 있느냐?
삼천원 짜리 한 그릇
호박죽이나 녹두죽

어느덧

나도 명당 죽집의
단골손님이 되었다.

내 생의 원천인 산책길
염매시장 명당 죽집이
명당이다.

친구여, 뭐 그리 바쁜가

베레모 박시인이 가시던 길을
마도로스 파이프를 문
박삿갓이 따라 가시고
그저께는 지동, 박교수가 가버렸다.

뭐 그리 바쁜가, 누구나
언젠가는 꼭 가야할 길인 것을
뭐 그리 바쁘게 가버리는가.

아직도 활짝 피어나지도 않은
여섯 꽃송이를 남겨 둔 채
얄미운 친구여, 그리 바삐 가기 있는가.

인생은 죽음이 잠시 빌려 준 시간을
살다 간다더니만
그날 따라 유달리 구슬픈 비가 내렸는데
마지막 술 한 잔 비우게
혼자 떠나는 친구 박교수여!

쿠바로 가는 길

눈물겨워라.
헤밍웨이가 살던 집 아이들은
연필이 없어 공부 못하고
체 게바라가 혁명하던 거리에는
무용수가 스타킹을 기워 신고
춤을 추고 있다.

정치적 식민지보다 경제적 식민지가
더 무섭다고 외치던
카스트로의 목소리가
카리브해보다 더 청명하였건만
눈물겹게도 가난하구나.

차라리 이대로 있었으면 좋겠다.
짙푸른 카리브해를 끼고
맑은 공기 마시며
막아서는 자동차 한 대 없는
바라데로 해변길을
뭉게구름과 함께 거닐어 본다.

부탄이 부럽다

지구촌에서 가장
지혜로운 사람들이 살고 있는 나라

전 국민의 97퍼센트가 행복하다고
당당하게 외치고 있는 나라

지엔피가 아니고 행복지수를
삶의 마음자리로 삼고 있는 나라

첫눈이 내리는 날을
공휴일로 정하고 있는
재미있고 멋진 나라

노숙자 없고 거지도 없고
혼자 사는 노인도 없는 나라

히말라야 외딴 오지에서
잘살아서 행복한 것이

절대로 아니라고 생각하는 나라

담배는 팔지도 피우지도 못하게 하는
금연법으로 정한 나라

행복하고 지혜로운 사람들이
사는 부처의 나라

아, 만리장성

만리장성을 쌓은 진시황은
정말 긴 꿈을 꾸셨네.
나보다 짧은 삶을 살았으면서도
너무도 긴 꿈을 남기셨네.
이 성 아래에서 하룻밤
묵은 나그네도 덩달아
만리장성을 쌓았네.

진시황은 정말 큰 꿈을 꾸셨네.
우주 비행사 가가린만이
놀란 것은 아닐 것이네.
나그네 시인은 그만 꿈을 잃었네.

어느덧 어둠 속에 감긴 만리장성이
한 폭의 동양화를 안개처럼 펼치고
별들이 만리장성 위에서
음악회를 열고 있었네.

참된 말의 힘으로

—「영대신문」 창간 30돌에

이제 당신은
서른 살의 청년,
뜻을 세우던 시기를 지나
사물을 똑바로 보고
편견없이 서야 할 나이
당신의 훤칠한 키와
시원스런 이마
예지에 찬 눈빛은
우리 天馬人의 자랑입니다.

매주 수요일 아침이면
어김없이 당신이 차려 내오는
밥상은 山海珍味로 휘어집니다.

신선한 잉크내 나는 지면마다
가득가득 차고 넘치는 활자들,
참된 말의 힘은

사람과 사람 사이의
묵은 담을 헐어내는
마음의 통로입니다.

우리의 허약한 눈과 귀
가슴 틈서리 구석구석 불 밝혀
비로소 눈 뜨게 하던
이 넉넉한
당신의 품,
태양과 이슬 찬서리와 비바람에도
꿋꿋이 마음 다지며
잎 무성히 피워 온
서른 해.

조금의 망설임도
조금의 동요도 없이
내일의 깊은 신뢰를 가지고,
땀의 고귀함 일깨우는

참된 말의 힘으로
미래의 하늘을 열어 갈
당신은 서른살의
늠름한 청년입니다.

오늘, 젊은 꿈을 또 한 그루 심는다

―「포항공대신문」 창간 20돌에

가을이면 들국화와
코스모스 꽃들이 만발하는
수려한 포항의 효자동산에

청암 박태준 포스코회장의
나라사랑 교육정신과
무은제 김호길 박사의 과학 발전의
얼을 담고 세워진 포항공과대학교

이 두 분의 창학정신을 담고 출범한
그 자랑스러운 얼굴이
「포항공대신문」이다.

드높은 대한민국의 하늘 아래
용솟음친 글로벌 포스텍은
노벨상을 지향하는 젊은 과학도들의
슬기로운 요람이다.

포스텍 과학도들의 열정 속에서
한 호…… 한 호 쌓아올린지
어느덧 20년!

포스텍칸의 대망의 금자탑은
물러설 줄 모르는
꿋꿋한 펜 끝에서 이룩된다.
끊임없이 창조의 열정이 넘치는
「포항공대신문」

오늘, 창간 20주년을 맞아
젊은 과학도들의 희망과 보람의
꿈을 또 한 그루 심는다.

3

나의 이력서

나의 이력서

서울대학교를 안 나왔습니다 미국 유학도 못 갔습니다 먹고 살기도 힘든 세상에서 살았으니까요 기독교 장로도 못 되었습니다 일요일도 하루 종일 일했으니까요 시골 초등학교만 빼고 중,고등학교, 대학, 대학원 12년을 꼬박 야간에만 다녔습니다 그래도 사람들은 나를 두고 박사, 교수, 시인이라고 불러줍니다 여학교의 단발머리 여학생 제자 천 명, 영남이공대학의 국어 수업 받은 제자 이천 명, 영남대학교와 대구대학교 국문학과에서 연극과 문학을 배운 제자 천 명, 대구한의대에서 배운 제자 육백 명, 포항공대 제자 사천 명이나 됩니다 청구 푸른마을 4층 아파트 우리 집 방구들 위에 혼자 누워서 허무한 이력서를 다시 써봅니다

나의 아픈 역사

*

첫 번째 상처를 준 사람 6·25전쟁 직전 사범학교 입학시험 보러 갔을 때 면접 보던 선생님이었다. "너는 선생할 수 없다. 절대 못한다. 한쪽 귀가 들리지 않는데 어떻게 선생하노? 시험만 잘 쳤다고 합격되는 게 아니다."고 하시었다.

나는 그때 급성중이염을 앓아 한쪽 귀가 들리지 않았던 것이다. 어릴 때 선생이 꿈이었던 나에게 상처를 준 이 사범학교 선생님을 나는 오랫동안 잊을 수 없었다.

*

천신만고 끝에 야간대학을 졸업하고 교사 자격증 따서 중학교 선생으로 취직하려는데 5.16 군사정변이 일어났다. 사범학교 출신의 정변 주동 장군님은 "사범학교 사범대학 출신 외는 교단에서 떠나라"는 새 법을 만들어 일반대학 출신 교사들을 다 쫓아내었다.

나는 어릴 때의 꿈이 이루어져 참 즐거웠는데 그만

교단에서 쫓겨났다. 아니, 먹고살 밥통이 떨어졌다. 나는 오랫동안 이 검은 색안경을 낀 장군님을 원망하며 살았다.

*

주경야독으로 대학원을 어렵게 졸업하고 모교의 교수가 되고 싶어 이력서를 내었는데 "너는 대학교수가 될 수 없다. 대학교수가 되려면 서울대학교를 나와야 한다."고 퇴짜를 놓았다.

학교 다닐 때는 공부 잘한다고 칭찬까지 해주신 은사님이 내 앞길을 가로 막았다. 나는 아직도 상처를 준 이 세 사람은 내 생이 끝나는 날 용서할 것이다.

후회라는 말

내가 아프기 전에는
토끼처럼 살았었다.

대학교수, 그것도 많은 사람들이
부러워한 포항공대 교수였으니까
어느 자리에 가든 아는 체 하였다.

비록 안경을 걸친 몰골이지만
안동 김씨, 양반의 후손이라고
어디에 가도 잘난 체 하였다.

사실 가진 게 없으면서도
괜히 있는 체 하다가
모임에 가면 찻값 내고 밥값 내는데
언제나 앞장 섰다.

내일을 생각할 줄 모르고 살았다.
아는 체, 잘난 체, 있는 체

토끼처럼 까불고 펄쩍 뛰면서 살았다.

그런데 이게 뭔가?
한번 중풍으로 쓰러졌으면 되었지
또 넘어져서 고관절수술까지 받다니.

나이 일흔이 넘어 병 들어서야
거북이처럼 느리게 살 걸하고
느지막히 깨달았다.

계단 오르기

세계 장수촌 대부분은 산 비탈길 마을에 있다. 250고지 산마을에 있다. 오르내리기가 불편해야 운동이 되고 운동을 해야 오래 살기 때문이다.

옛 조상들은 음식을 하루에 6,000번 씹었다는데 요즘 사람들은 하루에 200번도 씹지 않는다. 아니 씹지도 않고 그냥 목 너머로 넘기고 만다. 우유, 요구르트, 커피 각종 주스 등 씹을 게 없는 음식만 좋아한다. 입운동, 걷기운동이 운동의 으뜸인데 편하게만 지내니 입과 다리가 굳어질 수밖에 없다.

내가 뇌졸중으로 쓰러진 다음에야 발견한 운동이 계단 오르기와 껌 씹기이다. 만보기 차고 하루에 200계단 오르고, 200계단 내린다. 입안에 껌 두 개 넣고 씹으면서 지팡이 짚고 열심히 계단을 오르내리는 것이다. 나는 오늘도 만보기 차고 지하철 계단을 오르내린다.

안 아픈 데가 어딥니까?

여든을 넘어서니
아픈 데가 자꾸만 늘어난다.
중풍 환자로 반신불수가 된 지
십오 년이 되었다.
화장실에서 넘어져
고관절이 부러져
인공 관절 끼운 지도
어느덧 십년이 되었다.
아내는 나를 가리켜
걸어다니는 종합병원이라 하더니
요즘은 성인병 박물관이라고 한다.
아내 말에는 아랑곳 않고
병원이 노년의 친구집이라고
나는 즐겨 찾아다닌다.

전직교수의 행복

현직 대통령은 5년 임기가 있지만
전직 대통령은 임기가 없다.
살고 싶을 만큼 즐겁게 살면 된다.

나는 전직교수이다.
현직교수는 정년퇴임이 있다.
그러나 나는 정년퇴임한지 어느덧
10여 년이 된 전직교수이기 때문에
다시는 정년퇴임이 없다.
앞으로 살만큼 살면 된다.
책임지고 가르치고 지도할 제자도 없고
강의 시간에 쫓기어 헐떡거릴 필요도 없다.
강의 책임시간도 없는 그야말로 자유인이다.
퇴임한지 10여 년 동안에
쓰러지고 넘어지기도 하였지만
아직도 여기저기서 강의 요청이 있어
하루하루가 즐겁다.

평생교육원, 노인대학, 한비문예대학 등에
드문드문 나가서
차를 마시면서 문학 강의를 한다.
아니, 내가 배우는 것이 더 많다.

임기도 없는 전직교수의 팔자가
이렇게 행복할 줄
현직교수 시절에는 몰랐던 것이다.

아름다운 눈꽃송이로

어느새 일흔이라고요?
옛날부터 일흔을 古稀라고 하였지만
아라비아 숫자로는 70이라고 쓰지요.
일흔, 고희, 70 세 가지를
나란히 써놓고 들여다보니
문득, 70이라는 숫자가
유난히 흥미롭게 여겨지네요.
杜甫는 人生七十古來稀라고 했지만
21세기 고령화시대에는 다르잖아요.
그러나 아라비아 숫자
70은 보고 또 볼수록 정감이 솟구치네요.
평생을 물이 흘러 가듯이
법을 사랑하며 살아오신
오세도 변호사님,
태어나신 고향의 눈꽃송이로
당신의 인생 70의 0을 지워드릴께요.
그러면 일흔이 아닌 일곱 살처럼
새로운 인생을 사실 거예요.

젊은 오빠, 젊은 형님 소리 들어가며
활력이 넘치는 보람의 삶을
새롭게 사실 거예요.

당신의 뒷모습

—김영숙 교수 정년퇴임에

1983년, 그때는 잘 몰랐었지
당신의 아름다운 모습을

오랜 세월의 무게만큼
한결같은 도타운 인정

당신이 있어 티끌같은 세상
맑고 맑았으니

이제야 枯淡한 그 모습
자신있게 잘 보이네

다 이루어 풍요로운 인생을
바라보는 이 기쁨

내가 받은 「壽比南山 福如東海」를
이 아침 당신께 되돌려 드리노니….

자랑스러운 우리학교

—남헌에게

그래 우리는 天馬의 얼을 물려받은 영남대학교 동창이다. 국문학과 동창인 우리는 "영남대학교 안 나왔으면 우리는 평생 어떻게 살았을까?" 비록 우리는 야간부에 다녔지만 대학교 졸업장으로 평생 학교 교단 생활하면서 교육자 소리 듣고 잘 살았잖은가. 나는 시를 쓰고 문학을 가르쳤으며 그대는 한문을 가르치고 서예를 빛내어 대가의 경지에 올랐지. 취직을 했고 결혼을 했고 수많은 동창 친구와 사귀면서 즐겁게 행복하게 평생 살았으니 어찌 자랑스러운 우리학교가 아니랴. 어떤 동창은 영, 남의 대학교라고 빈정되었지만 우리는 만날 때마다 "영남대학교는 우리학교이다"하고 고마워한다. 오늘도, 남헌과 나는 영남대학교 동창이 된 것을 두손 맞잡고 자랑스러워 한다.

아픈 역사

뇌졸중 환자가 된 지
어언 삼 년에 들어섰다.
일 년이 지나니
친척들이 다 떨어져 나가고
이 년이 지나니
친구들이 다 떨어져 나갔다.
이제 가끔 찾아오는
한두 사람 제자들에 힘입어
오늘도 지팡이를 짚고
산책길에 나선다.

이것이 인생인 것을…….

4

희야꽃 한 송이

연필 두 자루

해마다
첫눈이 내리는 날이면
아버지가 그립다.

66년 전 겨울 그날은
아침부터 눈이 내리기 시작하였다.
우리 집 주변에는 까마귀 떼가
홍위병처럼 지키고 있었다.

복막염으로 태산만한 배 움켜잡은 아버지
내 손에 꼭 쥐어주신 연필 두 자루
이것이 지상의 마지막 선물이었다.

아버지는 마흔다섯이었고
나는 열두살이었다.

그리움

열두 살 때, 하루는
지게를 지고
앞산에 나무하러 갔다.

나를 찾으신 아버지는
몹시 꾸중을 하셨다.
"공부는 안하고
왜 위험한 짓을 하느냐?"고

얼마 있다가 아버지는
이승을 떠나셨다.

아버지의 꾸중은
더 이상 들을 수 없는
커다란 그리움이 되었다.

어머니

남들이 다 잠 드는 밤 열시
나는 학교에서 이제 왔다.

방안에 들어서니
어머니는 깊은 잠에 드셨다.

머리맡에 놓인
바느질 그릇에는
화려한 나이롱 저고리

누구의 삯바느질하시다
그만 잠에 드셨다.

어머니의 얼굴은
나도 모를 서러움에 주름 잡히시다.

남들이 다 잠 든 밤 열시

사랑 1

온 겨울 햇살을
이웃하여 살으리.

꽃은 몸살이 날 봄비
봄비를 맞고
빠알갛게 웃어 버리네.

서로의 소망을 펼치며
구름처럼 외롭게 뜰까.

멋없이 부르는
노래보다
아름다운 일기를 엮는다.

가없는 푸른 꿈을
눈짓으로 맺어놓고
잠시 안경 너머로
수인사하네.

푸른 하늘 꽃바람 부는
사랑이여!

사랑 2

만촌동 청기와 꽃집
아이의 얼굴은
이가 시리도록 좋다.

밤새 내일 소풍을 생각하며
용꿈을 꾼다.

머리카락 날린다.
휘파람을 부운다.

구름이 흘러 시를 엮으며
하늘은 젊다.

토끼풀, 강아지풀 뜯던
아이는
그네처럼 뛰고
사랑아 날려라.

사랑 3

덕수궁 담을 따라
은행잎 하나
만지작거리면

사랑도 훠어이 훠어이
나비처럼 난다.

그해 무더웠던
여름은 구름 위에
머물러 가라.

가을은 전쟁의 음악이
사라진 데서 피어나고

세실극장 뜰에는
희야꽃,
희야꽃 한 송이 피어 있다.

집시안

목이 마른 노래처럼 목숨은 흐느낀다
고향은 아득한 죽음같은 안식

설은 달밤을 희미한 눈자위
한 잔 뿌여니 인정이 묻어
아카시아 향내는 가슴을 에였다

기다릴 아무도 생각하지 않는데
모닥불 지펴놓고 세워보는 밤

무녀처럼
동그라져 얼굴을 붉히며
부끄러운 손길로 내일을 매만지듯
갑사댕기 한파람 고이춤에 접는다

어메이
가시내는 오지도 않고

복사꽃은 이렇게
다듬어졌네라.

바보처럼 그저
손톱을 빨며
때묻은 고이춤을 아쉽게 만져본다.

어메이
하늘은 가짓말같이 고운데

가시내는 정말 올 것 같질 않고
가시내는 정말 올 것 같질 않고

야학

저무는 교사 밖으로
바다처럼
바다처럼 펼치어 가는
길이 있습니다.

어두운 등불 아래 앉으면
나도 모르게
하루의 고달픔은 고요히 사라져 가고
은밀히 스미여 드는
보람을 위하여

훨훨 날아보고 싶은
나는—
푸른 하늘을 보았습니다.

장하게 날뛰며
부서지는 밀물 소리여!

어두운 등불 아래서
당신의 끝없는 은혜 속에
오늘도 포근히
안기고 싶은 마음이 있습니다.

별

기다림에
기다림에 지쳐

어둠에 젖은
언덕길에 서면

외로운 별 하나
내 가슴에 빠진다.

물결치는 바람결
그리곤
아무것도 없다.

애틋한 꿈의 등성이

거기 너는 있고
나는 여기 섰다.

못 잊어 짓는 한숨
여윈 가슴을
부질 없이 찢고
흐르는 별이여!

희망

—어느날의 자화상

누워 있을 수 있으면
앉아 보아라.

앉아 있을 수 있으면
일어나 보아라.

일어설 수 있다면
걸어 보아라.

걸을 수만 있다면
뛰어 보아라.

뛸 수만 있다면
날아 보아라.

이상의 「날개」를 달고
날자, 날자, 날자구나.

붕어빵 집안

얼마전에 찍은 손자의 돌 사진을 들여다 보다가 깜짝 놀랐다. 70년 전 나의 돌 사진과 판박이다. 유전자가 아들을 거쳐 손자에게로 흘러간 것인가. 붕어빵 집안 너무나 신통방통이다.

| 책 뒤에 |

『명당 죽집』에 관한 보고

박진형(시인)

*

나는 오랫동안 김원중 선생의 넉넉한 품에서 살아왔다고 단언한다. 이 말은 적확하다. 내가 처음 선생을 뵈온 것은 1977년 여름이었다. 짧은 머리에 푸른 잠바를 걸치고 다니던 갓 제대한 귀환병으로 나의 아지트는 코리아백화점 옆 골목에 붙어있는 왕비다방이었다. 왕비다방은 2층과 3층으로 나눠져 2층은 주로 대구의 중진 문인들과 문화계 인사들이, 그리고 3층은 20대 초반의 문학청년들과 화가 지망생, 연극을 꿈꾸는 축들로 늘 붐볐다.

추억의 왕비다방에 가면 누군가를 만날 수 있었다. 장발과 때묻은 바바리, 자욱한 담배 연기 사이로 흐르는 클래식 음악을 배경으로 하루 종일 죽치고 앉아 있곤했다. 그곳에는 떨거지도 왕자도 왕비도 없었다. 다만 문인들의 환담과 인생론이 때론 격론으로, 때론 김빠진 맥주의 후줄근한 모습으로 희미하게 남아 있을 뿐이었다.

대구의 시인이래야 마흔 명도 채 되지 않았다. 왕비의 단골 손님으로는 김원중, 대구에 가끔 오는 박양균, 박훈산, 이한호, 박남훈, 박곤걸, 권국명, 도광의, 조기섭, 이재행, 하청호 시인 등의 면면이 떠오른다. 지금은 몇 분을 제외하고 타계하고 없다. 박곤걸 시인의 주선으로 이정환, 조근일, 김경옥, 최석환, 박진환 등이 《순수년대》 동인(3집에 장지현, 서정윤 참여) 창간호를 내었고, 우리는 문학적 열정으로 온밤을 지새웠던 시절이었다.

당시 한국문협 경북지부장인 김원중 시인은 떨거지 시절의 모순투성이인 나를 넉넉하게 감싸안으셨다. 나에게 기관지 《달구문학》 창간호 편집을 덜컥 맡겼다. 말이 편집이지 경북인쇄소에서 틀에 맞춰 조판한 교정지 위에 교정을 보는 정도였다. 오케이 교정을 보는 동안 선생은 달다 쓰다 말씀이 없으셨고, 책이 다 나온 뒤에야 잘 잘못에 대한 조언 정도로 그치셨다. 선생은 이런 저런 인연으로 형설출판사 편집부에 취직시켜 주셨다. 대학교재 전문 출판사에서 나는 출판의 전반을 익혔다. 그리하여 시 쓰는 일과 책 만드는 일로 한 생을 살아가고 있다 하겠다.

*

김원중 시인의 첫시집 『별』은 1969년에 형설출판사에서 출간되었다. 이번 두 번 째 시집 『명당 죽집』은 첫시집이 출간된지 50년만에 펴내는 시집인 셈이다.

자서에서 "나는 고등학교 시절부터 대학교수가 꿈이었다. 그러고 보니 시 쓰는 고통보다는 시를 가르치는 즐거움이 나의 적성에 맞았다는 게 옳은 듯하다. 그러나 나는 시인의 꿈을 포기하지는 않았나 보다. 언젠가 내가 존경하는 은사 고 김종길 시인께서 '내가 40년 동안 1년에 두 편의 시도 못썼으니 할 말이 없다'고 토로하신 적이 있다. 나는 1년에 한 편도 못썼으니 할말이 없다."고 적고 있다. 과작의 변으로는 그리 옹색하게 들리지는 않는다.

〈66년 전 겨울 그날은/아침부터 눈이 내리기 시작하였다./우리 집 주변에는 까마귀 떼가/홍위병처럼 지키고 있었다./복막염으로 태산만한 배 움켜잡은 아버지/내 손에 꼭 쥐어주신 연필 두 자루/이것이 지상의 마지막 선물이었다."(「연필 두 자루」 중에서)〉

마흔다섯살 아버지의 마지막 선물인 연필 두 자루를 손에 쥔 열두살 소년가장의 고생길은 눈에 선하다. 오직 집안을 일으켜 세우겠다는 일념은 공부 밖에 없었으리라. 십수년간 밤에서 밤으로만 야학으로 이어진 그 지난한 삶을 옆에서 지켜보고 응원한 분이 박양균 시인이시다.

유고시 「病室에서—시인 김원중에게」를 읽어보면 내리사랑의 애틋함과 곡진함이 행간마다 베어나온다.

나보다도 더 늙어 보이는
제자의 손을 잡고 나는
감상에 젖는다.
網膜神經 수술을 받고
병실에 누워 있는
시인은
검은 학교 敎服을 입고
먼지 냄새를 풍기고 있었다.
밤에서 밤으로만 이어간
博士學位를 받는 자리에서
그는 흑흑 흐느끼고 있었다.
별을 보는 夜學의 시집을 들고
나를 찾아왔을 때는
복숭아꽃이 노을을 뒤집고 있었다.
시냇물에 손을 씻고
발을 담그고
몸 처지로 살아온 나날
차라리 더러운 세상을 잠시나마
보지 않게 한 계시일런지도 모르지만
이것은 너무한 계시일 게다.
얼마간 앞을 보지 않은
內面의 소리를 들으며
무거운 짐지게를 벗어 놓고
검게 물든 마른 침을 뱉고 있었다고 하지만

생각하면(그럴 리 없겠지만)
하학벨이 울리는

—『病室에서—시인 김원중에게』 전문

박 시인은 망막신경 수술을 받고 병원에 입원한 제자를 문병하고 난 뒤 쓴 시가 「病室에서」일 터. 〈시인은/검은 학교 教服을 입고/먼지 냄새를 풍기고 있었다./밤에서 밤으로만 이어간/博士學位를 받는 자리에서/그는 흑흑 흐느끼고 있었다./별을 보는 夜學의 시집을 들고/나를 찾아왔을 때는/복숭아꽃이 노을을 뒤집고 있었〉는 시구는 가슴을 울린다. 아마 '별을 보는 야학의 시집'은 고등학교 시절에 펴낸 김원중·서영수의 2인시집 『별과 야학』을 가르키리라.

김 시인은 "칡넝쿨을 인연으로 선생님을 알게 되어 문학을 넘어 인간적인 유대감을 40년 가까운 세월을 지니게 된 것이다. 어떤 의미에선 나는 칡넝쿨과 선생님 덕을 가장 많이 입은 셈이다(『빛을 찾아 가는 길』, (재)대구광역시 중구 도심재생문화재단, 2015)."에서 밝혔듯이 육친애 이상으로 박 시인을 따르고 평생 은사로 모시고 사셨다.

그러니 스승은 나보다 더 늙어보이는 제자가 〈얼마간 앞을 보지 않은/內面의 소리를 들으며/무거운 짐지게를 벗어놓고〉 병을 이유로 잠시라도 세상의 일을 잊고 편하게 쉬라는 계시라고 위로하고 있다.

*

니체는 신이 죽었다고 선언하였다. 신이 떠난 자리에 초인을 꿈꾸었다. 신을 대신할 수 있는 게 인간이 아니겠는가. 그 어떤 위대한 예술도, 그 어떠한 철학적 명제도 인간보다 앞세울 수 없을 것이다.

사람에 대한 평가 기준은 어떤 각도에서 보느냐에 따라 다를 수 밖에 없다. 장님 코끼리 더듬듯이 김 시인을 지켜본 사람들은 평가 기준이 각각 다르다. 누군가는 지극히 인간적이라고, 누구가는 불굴의 투혼을 지닌 의지의 한국인이라고 말한다. 김 시인은 자신의 일보다 늘 남의 일에 앞장을 서고, 제자에 대한 믿음과 사랑으로 일관된 교육자시다. 선생은 소탈하고 넉넉하시다. 국수나 우동, 고기집이나 회집, 심지어 보신탕집 등 어디로 모셔도 부담이 되지 않는다. 이런 선생의 넉넉한 생활철학에서 나는 대인의 풍모를 읽는다.

오래 전부터 김 선생께 팔순기념 시집 운을 떼었으나 별로 달가와 하지 않으셨다. 팔순을 넘기고 펴내는 『명당 죽집』은 순전히 나의 채근에 의해 이루어졌음을 밝혀둔다. 여기저기 흩어져 있던 시들을 모으고 또한 구고(舊稿)에서 일부 뽑아서 『명당 죽집』을 편집하였다.

선생은 대학을 퇴직하고 왕성한 사회활동을 펼치다가 병

을 오래 앓고 계신다. 「후회라는 말」, 「계단 오르기」, 「안 아픈 데가 어딥니까?」, 「아픈 역사」 등의 시에 나타나 있다. 〈뇌졸중 환자가 된 지/어언 삼 년에 들어섰다./일 년이 지나니/친척들이 다 떨어져 나가고/이 년이 지나니/친구들이 다 떨어져 나갔다./이제 가끔 찾아오는/한두 사람 제자들에 힘입어/오늘도 지팡이를 짚고(「아픈 역사」 중에서)〉 산책길에 나서 듯 문학단체의 행사나 문학수업에도 스스럼없이 열정적으로 다니신다.

나는 산책하다가
배가 고프면
반월당 염매시장 안
명당 죽집에 간다.

여기에는
정시인이
혼자 앉아 있다.

이가 다 빠져
홀쭉이가 된 원로시인은
죽 아니면 식사를 못한다.

명당이 어디 있느냐?
삼천원 짜리 한 그릇

호박죽이나 녹두죽
—『명당 죽집』 중에서

명당 죽집은 대구 반월당 염매시장 안에 있다. 이가 다 빠져 홀쭉이가 된 친구 정재익 시조시인과 함께 죽을 먹으면서 이곳이 명당이라고, 어느새 시인도 이곳 단골손님이 되었다. 그렇다. 비록 지팡이를 짚고 산책길에 나섰지만 이것은 내 생의 원천이라고 긍정적으로 받아들인다. 그간 선생으로 사회 여러 곳에 발을 담그시고 바쁘셨으나 시인으로서 일관된 시정신으로 한 생을 건너오시지 않으셨나 생각된다.

『명당 죽집』에는 이런 달관된 생의 모습이 자리하고 있다. "『별』이 출간된지 올해로 50년이나 되었다. 반세기만에 두번 째 시집 『명당 죽집』을 펴내는 이 시집을 계기로 괴테의 '노년의 시는 인생이다'는 말처럼 나는 시를 쓴다기보다 인생을 남기고 싶다."고 자서를 인용해 본다.

〈있어도 좋고 없어도 좋은/모두가 사라졌다가 나타나고/나타났다가 사라져도//우리들 태양을 향한 발길은/늘상 넓푸른 하늘처럼(「우리들의 하늘」 중에서)〉 시는 결국 희망을 가득 품고 푸른 하늘을 우러러는 마음이므로…….

만인시인선 69
명당 죽집

초판 인쇄 2019년 6월 10일
초판 발행 2019년 6월 15일

지은이 / 김 원 중
펴낸이 / 박 진 환

펴낸 곳 / 만인사
출판등록 / 1996년 4월 20일 제03-01-306호
주소 / 41960 대구광역시 중구 명륜로 116
전화 / (053)422-0550
팩스 / (053)426-9543
전자우편 / maninsa@hanmail.net
홈페이지 / www.maninsa.co.kr

ISBN 978-89-6349-135-6 03810

값 9,000원

* 이 도서의 국립중앙도서관 출판시도서목록(CIP)은 서지정보유통지원시스템 홈페이지(http://seoji.nl.go.kr)와 국가자료공동목록시스템(http://www.nl.go.kr/kolisnet)에서 이용하실 수 있습니다(CIP제어번호 : CIP2019022133).